LA VILLE DU CATEAU

(Tribunal Civil de la Seine (1re Chambre))

AUDIENCE DU 29 DÉCEMBRE 1899

Plaidoirie de Me Antonin Oudart

PARIS

JOUVE & BOYER
15, Rue Racine, 15

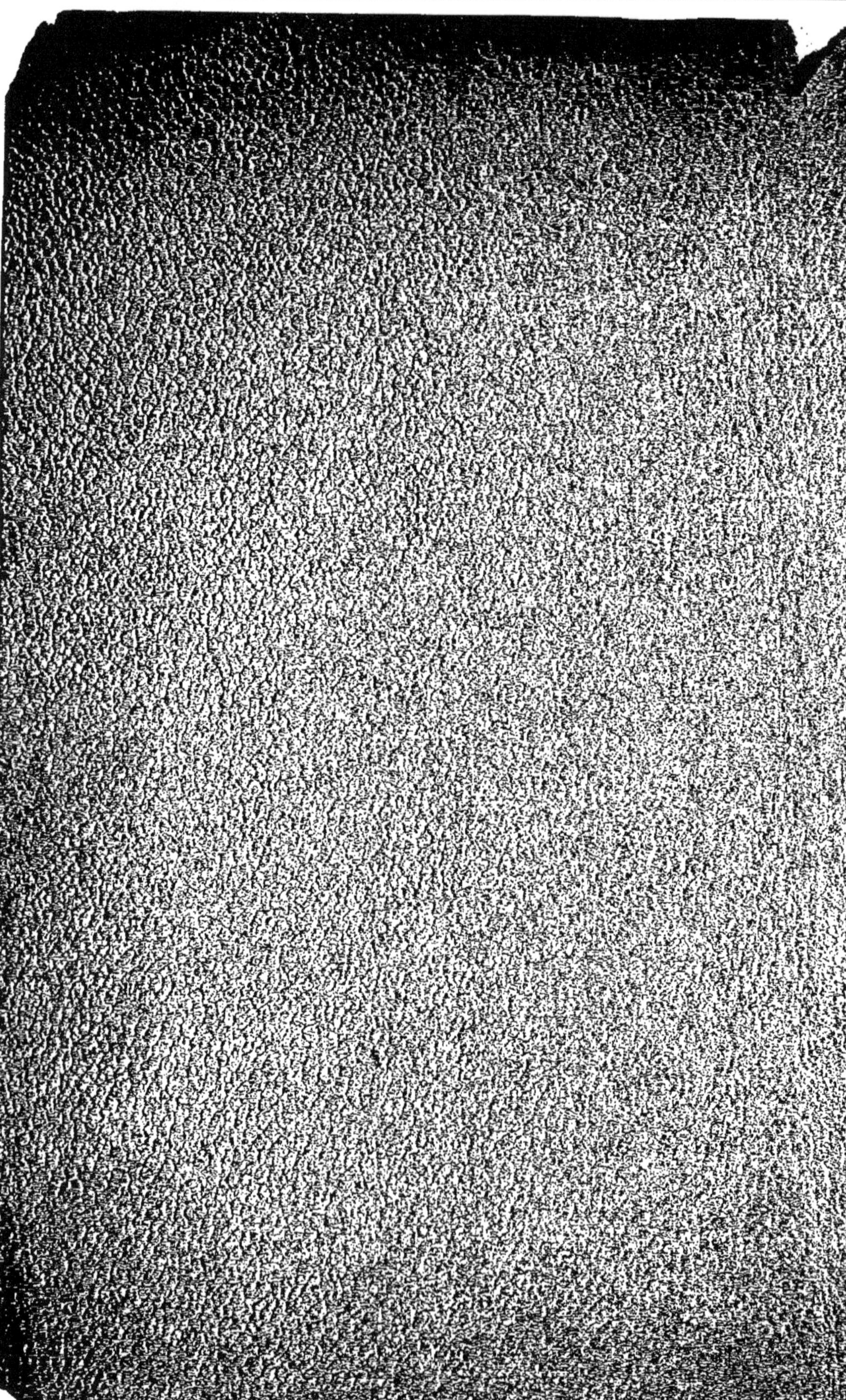

La Fille du Capitaine Renard

(Tribunal civil de la Seine. 1re Chambre)

Audience du 29 décembre 1899

PLAIDOIRIE DE Me ANTONIN OUDART

PARIS

JOUVE ET BOYER

IMPRIMEURS

15, rue Racine, 15

1900

LA FILLE DU CAPITAINE RENARD

(TRIBUNAL CIVIL DE LA SEINE, 1ʳᵉ CHAMBRE)

Audience du 29 décembre 1899

PLAIDOIRIE DE Mᵉ ANTONIN OUDART

MM.

Si la souffrance humaine et le malheur d'une femme abandonnée, seule, avec trois jeunes filles, peuvent émouvoir le cœur des magistrats, vos cœurs seront émus par le récit des infortunes de Mᵐᵉ Maumy.

Mᵐᵉ Maumy était jeune : 27 ans. Elle était riche. Son mari, négociant honorable, appartenait à la haute société de Limoges. Les deux époux s'aimaient tendrement.

Une fille était née. La vie semblait lui sourire. Autour de son berceau elle ne pouvait rencontrer que des hommes d'honneur : son oncle maternel, directeur de l'Ecole communale d'Ambazac (Haute-Vienne), officier d'académie, chevalier de la Légion d'honneur ; ses deux oncles paternels, l'un, grand industriel, fondateur de l'Institut commercial de France, Président d'honneur de la société pour l'Instruction élémentaire, officier d'académie, chevalier de la Légion d'honneur, l'autre chef de bataillon dans un régiment de ligne, décoré de la médaille militaire, chevalier de la Légion d'honneur.

Dans un tel milieu je n'ai pas besoin de dire que la conduite de Mᵐᵉ Maumy avait toujours été irréprochable, et qu'un avenir de bonheur semblait réservé à la mère et à la jeune fille.

Un homme est venu briser cet avenir, disperser ce

bonheur. Officier sans fortune, de naissance obscure, mais audacieux dans ses entreprises, le lieutenant Renard, en garnison à Limoges, a voulu jouer le rôle de Roméo.

Mme Maumy ne pouvait pas faire un pas dans la ville de Limoges sans être poursuivie par ce Don Juan galonné : à la promenade, à l'Eglise, partout il la suivait. C'était une véritable obsession.

La vertu de la femme la plus honnête résiste difficilement à de telles adulations. Heureuses celles qui peuvent résister ! Quant à moi, je ne me sens pas le courage de blâmer celles qui tombent. Leur chute excite plutôt ma pitié. Les malheurs qui ont suivi la faute de Mme Maumy doivent lui concilier votre indulgence.

Comme il arrive dans toutes les liaisons de ce genre, Mme Maumy aima follement le lieutenant Renard, elle lui sacrifia son bonheur. De 1881 à 1895, pendant 15 ans, ce fut une véritable lune de miel. A peine quelques nuages à l'horizon.

Une fille vint au monde : en souvenir de Roméo, qui ne pouvait la reconnaître, le mari vivant encore, on l'appela Juliette. Puis le mari, qui était beaucoup plus âgé que sa femme, vint à mourir. Une autre fille vint au monde, et toujours, en souvenir de Roméo, elle s'appela Juliette.

Ecoutez, Messieurs, comment le capitaine Renard parle de sa Juliette :

Chère amie,

« ...Quelle joie si j'avais pu la couvrir de baisers à mon aise,
« et toi avec, vous serrer toutes les deux dans mes bras comme
« j'aurais voulu le faire. Mais non, il a fallu se tenir encore.
« Elle est véritablement jolie, sais-tu, cette pauvre fille, très
« jolie même. Quelles belles joues, et quels beaux yeux, et la
« charmante petite bouche donc, comme j'aurais bien voulu
« dévorer tout cela de baisers, et sa petite maman avec. Oui,

« en vous attendant là, j'étais tout pensif, et j'avais le cœur
« bien gros, je pensais que je ne pouvais pas reconnaître ce
« bébé, je pensais aussi que nous devions être fiers de notre
« œuvre, n'est-ce pas, chérie ? Qu'elle est jolie, et que nous
« avons bien travaillé, mais là très bien. Oh ! ces jolies petites
« lèvres, je vais en rêver ! Je la verrai prenant le sein de sa
« nourrice, et je m'endormirai en vous contemplant toutes
« deux. »

L'enfant souffre-t-elle, il demande de ses nouvelles :

« ...Parlons de cette pauvre Juliette. Encore malade donc ;
« pas grave, n'est-ce pas ? Ce sont ses dents probablement. A
« cet âge c'est cela surtout. Etant forte comme elle l'est, ça la
« fait souffrir plus que les autres. Du reste, elle n'en a plus
« beaucoup à faire, n'est-ce pas ? Parle-t-elle un peu ? La nour-
« ris-tu toujours ? »

Dans une autre lettre :

« .... En apprenant cette mauvaise nouvelle j'ai été navré, plus
« que jamais encore. Cette pauvre petite chérie ! Mais elle a été
« si bien soignée, tu t'es si bien fatiguée près d'elle qu'elle doit
« être sauvée, n'est-ce pas ? Pauvre amie, va ! j'en ai les larmes
« aux yeux de penser à ton chagrin. Dès que tu auras un moment,
« dis-moi vite qu'elle va mieux ».

Cette Juliette, à laquelle il s'intéresse, il la considère
comme sa fille ; car il écrit encore :

« J'espère que tu me donneras des nouvelles de Juliette dans
« ta lettre ; savoir si ma grosse fille se porte bien, si elle se
« souviendra de son papa ».

A la vue d'une petite fille, son cœur tressaille, son
esprit se trouble. C'est lui-même qui nous l'apprend :

« .... Le jour de l'an ma vieille propriétaire entre chez moi
« tenant entre ses bras une grande poupée de l'âge d'une petite
« fille de deux ans, toute fraîchement habillée. Figure-toi qu'en
« la voyant j'ai ouvert les deux bras bien joyeux, et que j'ai
« failli m'écrier : Viens, ma petite Juliette chérie ! Je n'ai eu
« que le temps de me retenir, et de dire : Oh ! la jolie petite
« poupée ! et de m'extasier sur sa beauté. Ma propriétaire a

« paru même surprise de me voir un geste et des accents si
« chauds à propos d'une poupée que je connais déjà. C'est qu'elle
« ignorait que précisément, à ce moment, j'étais à penser à ma
« petite fille qui lui ressemble un peu. Cette apparition répon-
« dait si bien à mes pensées, et à ce que j'écrivais à sa maman
« que je croyais la voir, comme par hasard, devant moi. C'est
« que j'y pense, vois-tu, à cette petite, et bien fort même. C'est
« un sentiment que je sens grandir tous les jours, et qui est
« très explicable, n'est-ce pas, chère amie. Je sens que je
« l'aime bien fort, et toutes les nouvelles que tu m'en donnes
« me causent un bien-être insensé ».

Voilà les sentiments qui animaient le capitaine Renard
au cours de cette fatale liaison. Il suffit de lire ses lettres
pour établir la spontanéité de son affection, l'ardeur de
son amour, et le but qu'il se proposait.

« ... Je te l'ai dit, écrit-il à Mᵐᵉ Maumy, la pauvre chérie
« est trop présente à mes yeux pour que je l'oublie jamais, et
« pour oublier sa maman aussi, et **j'espère que plus tard**
« **l'une et l'autre pourraient bien être Renard de nom**
« **si tu le veux bien.** Si ça pouvait bientôt être réalisé, ce
« beau rêve là ! »

Le mariage avec son amie, voilà le but qu'il se propo-
se. Il sait qu'il est moins riche ; mais il espère que, malgré cette disproportion de fortune, leur union sera heu-
reuse. Il y pense sans cesse. Voici en effet ce qu'il écrit :

« ... En chevauchant sur la route de Paris je penserai à vous
« à cette pauvre chérie que j'irai bientôt embrasser, et à cette
« grande fille que je vais retrouver un de ces jours. Ces beaux
« yeux, cette jolie tête, et ce beau petit corps qui nous appartient
« à tous les deux, il me semblera me revoir sur le boulevard
« à diriger ses premiers pas et à faire sauter son ballon pour la
« faire courir... J'y pense souvent. Je me demande souvent : Que
« sera-t-elle cette enfant ? Car j'espère que grâce à tes soins et
« aux tout petits miens, ce ne sera pas trop une vallée de lar-

« mes que sa vie. Mais l'avenir ne nous appartient pas, et nous
« ne pouvons là-dessus faire que des souhaits ».

En 1884, Renard suggérait à Mme Maumy l'idée du
divorce. Il désirait le divorce qui lui permettrait d'assou-
vir plus librement sa passion. Il voulait aussi devenir le
parrain de cette petite Juliette que la loi lui interdisait de
reconnaître, et qu'il considérait comme sa fille. Le ton de
sa correspondance est d'un cynisme rare :

« ... Le vieux, que devient-il ? Est-il parti ? Je suppose que
« non, car sans cela tu me l'aurais dit, n'est-ce pas ? Tu sais,
« près de Langres, c'est agréable, très agréable. Si je pouvais te
« voir une fois par mois, par exemple. Je voudrais surtout si
« bien baptiser cette petite. Il ne nous laissera donc pas.
« Dis-moi, voilà le divorce accepté ; en profiteras-tu lorsqu'il
« sera promulgué ? Tu ne ferais pas mal, puisque tu n'as rien
« à attendre de ce vieux scélérat-là. Il me semble que ce serait
« la tranquillité pour toi. De cette façon nous serions plus libres.
« Menace-le de cela, s'il ne veut pas travailler, — et fais-le sur-
« tout même après qu'il travaillera. J'espère que tu pourras le
« faire, n'est-ce pas ? »

Mme Maumy n'a pas écouté ce conseil. Elle n'a pas
divorcé. D'ailleurs, quelques années plus tard, le 17 février 1887, la mort se chargeait de rompre le lien con-
jugal. Mme Maumy restait veuve avec deux jeunes
filles.

C'était le moment pour Renard de tenir ses promesses,
ses serments d'éternelle affection. La liaison devint plus
intime. Une fille vint au monde le 26 septembre 1888.
Elle fut déclarée à la mairie comme née de père non
dénommé et non comme née de Renard ainsi qu'il l'affirme dans son assignation.

Quelques jours après, le 13 octobre 1888, le capitaine
Renard et Mme Marie Halifax (veuve Maumy) se pré-
sentaient devant l'officier de l'état-civil du 18° arron-

dissement et se reconnaissaient l'un le père, l'autre la mère de l'enfant.

A ce moment, Mme Maumy ne pouvait pas songer qu'un jour le capitaine Renard, oubliant ses serments, non content de l'abandonner, essaierait encore d'effacer jusqu'à la trace de sa paternité librement reconnue.

Mme Maumy avait foi dans cet homme qui depuis de longues années manifestait le désir d'enchaîner sa destinée à la sienne. Elle l'aimait sincèrement. Elle croyait à son amour. Elle marchait naïvement vers l'avenir avec cette confiance que l'amour seul peut donner.

Pendant sept années la liaison avec Renard se continua. Le loyer de Mme Maumy é'ait au nom de M. Renard. J'ai là les quittances. La concierge considérait M. Renard comme le locataire, bien que le terme fût toujours payé par sa dame (Mme Vve Maumy). J'ai là la dernière dépêche par laquelle le capitaine Renard annonçait sa visite ; elle est du 14 mai 1895. Elle est ainsi conçue :

« Arriverai dix et demie soir. Renard ».

Le 15 mai 1895, le capitaine Renard réalisait l'un de ses vœux les plus chers : il se présentait à l'église Saint-Vincent-de-Paul pour être le parrain de la première Juliette, de celle qui était née en 1882, et que, depuis plus de dix ans, il voulait baptiser.

Le lendemain, 16 mai 1895, il assistait à la première communion de Juliette.

Le capitaine Renard ne peut donc pas le nier, ses lettres et ses actes le prouvent : jusqu'au mois de mai 1895, la liaison avec Mme Maumy a toujours été aussi intime, aussi affectueuse. Jusqu'à cette époque Mme Maumy a pu espérer que sa liaison finirait par un mariage. Elle s'était trompée.

Le capitaine Renard ne lui était pas fidèle. Son cœur volage avait soif d'aventures. Une femme plus jeune avait flatté ses instincts sensuels. Une fille de 27 ans avait supplanté la maîtresse de 40 ans. Accompagné de la fille D..., qu'il avait connue à Lyon (1), Renard vient à Paris le 24 août 1895.

Il pénètre dans l'appartement de Mme Maumy, 11, rue Saint-Luc, en l'absence de ma cliente, la dévalise, et s'empare de nombreuses lettres qu'il jugeait sans doute compromettantes.

Des témoins vont nous raconter le fait :

Mme Claude : Le 24 août 1895 j'ai vu M. Renard descendre d'un fiacre avec un serrurier. Ils sont entrés dans la maison de Mme Maumy. Le serrurier est sorti au bout d'une demi-heure.

Mme Bertrand, concierge : M. Renard a fait ouvrir la porte par un serrurier. Mme Maumy n'était pas là.

M. Dalle, serrurier : On est venu me chercher de la part de M. Renard pour ouvrir la porte. La concierge m'a dit que c'était M. Renard le locataire. J'ai fait sauter la gâche, et j'ai remis ensuite la serrure en place. M. Renard m'avait donné comme prétexte pour faire ouvrir la porte que peut-être les clefs étaient restées à l'intérieur (2).

Voilà sous quel prétexte et par quels moyens le capitaine Renard venait ravir à Mme Maumy, en son absence, plusieurs centaines de lettres d'amour !

Voilà comment un officier de l'armée française, venait, en galant homme, signifier à une femme la rupture de ses relations, forçant la serrure de sa porte, fouillant tous les tiroirs, brisant les meubles, comme un vulgaire cambrioleur, pour détruire l'aveu mille fois répété d'une paternité librement reconnue !

Après ce bel exploit, quatre jours après, M. Renard

1. Rapport de M. le Commissaire de police de Lyon (quartier de la Bourse) à M. Boursy, juge d'instruction, 18 septembre 1895 (cote 37).

2. Extrait des notes d'audience tenues par M. le greffier de la 9e Chambre du tribunal correctionnel de la Seine (audience du 10 février 1899, affaire Ve Maumy contre Renard).

rendait visite à Mme Poux, la sœur de M. Maumy, et lui disait :

« Je l'ai dépouillée, je lui ai tout pris, elle ne peut plus
« rien contre moi ! »

« Vous êtes dans l'erreur, lui dit Mme Poux ; car je
« sais que d'autres lettres ont été confiées à Mme Zocki,
« ma cousine, par mon frère qui avait surpris votre cor-
« respondance ».

« J'offre 10.000 francs, repartit Renard, si cette per-
« sonne veut me donner ces lettres ».

Mme Zocki ne les donna pas à M. Renard. Lorsque
Mme Poux eût informé Mme V° Maumy de l'existence de
ces lettres, qu'elle croyait depuis longtemps perdues,
Mme Maumy s'empressa de réclamer à Mme Zocki le dépôt
qui lui avait été confié.

M. Maumy ne lui en avait jamais parlé. Il avait emporté
ce secret dans la tombe. Le jour où les lettres lui furent
remises, Mme Maumy dut éprouver un remords bien
cruel. Elle dût sentir combien était grande la faute par
elle commise vis-à-vis d'un mari, dont la douce et tendre
affection ne s'était jamais démentie, et dont la seule ven-
geance consistait à lui fournir, du fond de la tombe, les
armes dont elle avait besoin pour démasquer l'amant qui
avait trahi, lui, toutes ses promesses et tous ses serments !

Voilà comment, malgré le cambriolage du 24 août 1895,
nous avons encore la bonne fortune de produire devant
le tribunal des échantillons de la prose amoureuse de
M. Renard.

Ces lettres suffisent pour établir l'imposture et l'hypo-
crisie de la demande actuelle (1).

1. Par exploit de Baitry, huissier à Paris, en date du 6 juillet
1899, le capitaine Renard avait assigné Mme Vve Maumy pour

M. Renard prétend que la reconnaissance n'a été obtenue que par suite d'explications fallacieuses, de manœuvres et de menaces ?

Mais les lettres sont là qui contiennent à chaque·page des aveux de paternité que certainement Mᵐᵉ Vᵉ Maumy ne lui a jamais demandés !

le lendemain 7 juillet 1899, onze heures du matin, devant la première chambre du tribunal de la Seine pour :

Attendu que Mᵐᵉ Marie Halifax, Vᵉ de M. Pierre-Léon Maumy est accouchée d'un enfant du sexe féminin le 26 septembre 1888 ; que cette enfant fut déclarée en dehors et sans le consentement du requérant le 29 septembre à la mairie du 18ᵉ arrondissement de Paris *comme fille de Sulpice-Arthur Renard* et de Marie Halifax ; que cette enfant fut ensuite reconnue par M. Sulpice-Arthur Renard et Mme Vve Maumy le 13 octobre 1888 ; mais que cette reconnaissance n'a été obtenue par Mᵐᵉ Vᵉ Maumy que par suite d'explications fallacieuses, de manœuvres et de menaces de chantage ;

Que cette reconnaissance doit être annulée ;

Qu'en effet M. Renard ne peut être le père de cette enfant ; que Mme Vve Maumy avait une conduite déplorable ; que d'autre part M. Renard était en garnison à Modane, et qu'à l'époque de l'enfantement (*sic*), M. Renard n'était point à Paris, et n'a jamais cohabité avec elle ;

Que d'autre part, Mme Vve Maumy menaça, si M. Renard ne reconnaissait point l'enfant, d'écrire au colonel du régiment ce qu'elle fit d'ailleurs ; qu'elle menaça M. Renard d'envoyer des lettres de faire part de la naissance de l'enfant à toutes les familles du requérant et de la ville de Modane ;

Que cette reconnaissance, faite dans de telles conditions, est nulle et de nul effet :

Par ces motifs : Entendre supprimer dudit acte de naissance le nom de Renard ; entendre déclarer nulle la reconnaissance faite par M. Renard, de Simonne-Marguerite-Juliette ; voir dire que le jugement à intervenir sera mentionné en marge dudit acte de naissance, et que celui-ci ne pourra plus être délivré qu'avec mention dudit jugement ; s'entendre Mme Vve Maumy condamner en tous les dépens.

M. Renard prétend qu'il n'a jamais cohabité avec Mme Vve Maumy ; que celle-ci avait une conduite déplorable ?

Mais les lettres sont là qui attestent l'ardeur de sa passion, la continuité de sa liaison, le désir de passer les heures de permission auprès de celle qu'il adore !

Qu'il soit dans le département du Doubs, ou dans le département des Basses-Alpes, partout le souvenir de l'amie l'anime et le soutient :

« Chère amie, lui écrit-il ; — Mille baisers, ma chérie ! que je « voudrais bien te donner en nature pour te récompenser et te « dorloter un peu.......... — qu'a-t-elle donc cette pauvre « Juliette ?....... — Dis-moi que tu m'aimes toujours. Je penserai « à nos bonnes soirées passées là-bas dans les bras l'un de l'au- « tre, aux bons baisers si tendres....... — Dis-moi que tu m'ai- « mes toujours, il me semble que cela me fera du bien de me « l'entendre dire........ Allons, mille baisers, et dans 8 ou 10 jours « le plaisir de t'embrasser.

« — Mille baisers en attendant ceux de bientôt, et en nature « ceux-là, dis-moi, des pieds à la tête, n'est-ce pas, chérie ? ».

Et cette fin de lettre :

« Mille baisers à toutes les deux (Juliette et Mme Maumy), « *partout, partout !* ».

Est-ce là le langage que l'on tient vis-à-vis d'une femme que l'on n'aime pas, que l'on n'estime pas, que l'on ne respecte pas ? avec laquelle on ne cohabite pas ?

Est-ce là le langage de l'homme qui subit une pression, une violence morale quelconque ?

Le capitaine Renard nous fera-t-il croire que, pendant 15 ans, esclave soumis, adorateur résigné, il a pu écrire dans ce style à une femme dont le joug était détesté ? à une femme dont la conduite aurait été déplorable ?

Conduite déplorable ? — Mais, à part la faute dont Renard est la cause, où sont donc les preuves de cette mauvaise conduite ?

Dans une lettre M. Renard donne à Mme Maumy,

encore mariée, l'adresse de sa mère. Il lui conseille de porter ses bagages, son mobilier chez Mme Ve Renard, à Clichy, 27 cité Jouffroy-Renaud. Pourquoi ce conseil, si Mme Maumy a une conduite déplorable ? Pourquoi ce conseil à une femme mariée ? Sans être un moraliste sévère on peut s'en étonner.

Plus tard, après la mort de M. Maumy, Mme Ve Renard vient habiter avec Mme Ve Maumy, précisément en 1887-1888, avant et après l'époque à laquelle se placerait la conception de l'enfant. Si Mme Ve Maumy avait été la femme que vous dites, auriez-vous fait de votre mère sa servante ou sa dame de compagnie ? Quel est le fils qui aurait voulu placer sa mère dans l'antichambre d'une femme galante ?

La présence de Mme Ve Renard auprès de M^m Ve Maumy, voilà ma réponse à la ridicule allégation du demandeur !

Le capitaine Renard prétend qu'au moment de l'enfantement (il veut dire sans doute la conception) il était en garnison à Modane, il n'était pas à Paris. A l'appui de sa prétention il produit deux certificats, l'un écrit de la main de Renard, signé seulement par un officier qui était en 1888 sous-lieutenant sous ses ordres ; l'autre émanant d'un chef de bataillon en retraite.

Le commandant Cance dit *qu'il n'est pas à sa souvenance* que le capitaine Renard, pendant son séjour à Modane, 1887-1888, et notamment dans les premiers jours de janvier 1888, ait obtenu des permissions d'une durée excédant quatre jours. Le commandant Cance était alors capitaine faisant fonctions de major au bataillon du 157e stationné à Modane. Le capitaine Massoulié déclare que vers la même époque le capitaine Renard n'a jamais obtenu de permission d'une durée supérieure à quatre jours.

Mais il est facile d'établir qu'avec quatre jours de permission Renard pouvait en passer deux à Paris. Les pièces produites le prouvent. Vous avez en effet une dépêche envoyée par Renard de Lyon le 14 mai 1895 à 2 h. 45 du soir. Renard était à 10 h. et demie du soir à Paris. Le 15 mai 1895 il était parrain à Paris (Baptême de Juliette). — Le 16 mai 1895 il assistait à Paris à la première communion de Juliette. Le 17 mai il était à Lyon; car il produit le talon d'un mandat postal de 30 francs envoyé de Lyon-Terreaux à Mme Ve Maumy le 17 mai. (Déclaration de versement n° 184). Donc, sur quatre jours de permission, Renard avait pu en passer deux à Paris.

D'ailleurs tout le monde sait qu'un capitaine, surtout dans un bataillon détaché, peut, avec une permission de quatre jours, être absent cinq ou six jours sans encourir aucune punition.

Par conséquent l'affirmation du capitaine Massoulié n'établirait pas que Renard n'a pu venir à Paris au moment de la conception de l'enfant. Quant à la déclaration du commandant Cance, elle n'établit rien du tout, puisque ce camarade de Renard se borne à dire « *qu'il n'est pas à sa souvenance* ».

Mme Maumy est en mesure d'établir que M. Renard est venu à Paris, non pas seulement quatre jours, mais un mois entier. Un congé de trente jours, l'autorité militaire devrait en fournir la preuve. Mais nous pouvons aussi faire entendre des témoins qui ont vu Renard à Paris, vivant auprès de Mme Maumy. Il y est venu en décembre 1887; il y est venu encore en mars 1888; il y est venu souvent. Mme Maumy affirme, ce qui est intéressant dans l'espèce, que Renard était à Paris du 24 décembre 1887 au 24 janvier 1888. C'est pendant ce séjour que Simonne-Marguerite-Juliette a été conçue.

Mme Ve Renard habitait alors avec Mme Ve Maumy.

Le capitaine Renard communique au tribunal une carte de faire part ainsi conçue :

Monsieur E. Renard, capitaine au 157ᵉ d'Infanterie (Briançon) et Madame Vᵛᵉ Renard, sa mère, ont l'honneur de vous faire part de la naissance de leur fille et petite-fille Simonne.

Cette carte n'indique ni le nom de la mère ni le lieu de la naissance. Elle n'aurait pu déterminer le capitaine Renard à reconnaître un enfant qui n'aurait pas été le sien. Il était d'ailleurs impossible à Mᵐᵉ Maumy de commander ces cartes avant le jour de la reconnaissance ; car ce jour-là Mᵐᵉ Maumy sortait pour la première fois depuis ses couches. Elle eut beaucoup de peine à se traîner jusqu'à la mairie pour accompagner Renard, et rien ne prouve qu'elle a commandé cette carte, qui n'a aucune date certaine, et qui est l'œuvre de Renard.

La carte a été faite après la reconnaissance de l'enfant. Renard était tellement fier de son œuvre que, pour en perpétuer le souvenir, il a fait imprimer des cartes de faire part. Ces cartes portent son nom et le nom de sa mère ; mais elles ne portent pas le nom de Mᵐᵉ Maumy. M. Renard ne le voulut pas, et pour cause. En lisant cette carte il semble qu'il s'agit de la naissance d'une fille légitime dont la mère serait morte en couches.

Il paraît que c'était plus correct pour un officier.

Mᵐᵉ Maumy dut subir le caprice de Renard : la mère de Simonne passa pour morte sur la lettre de faire part ; mais la femme humiliée se garda bien d'envoyer une seule de ces cartes, et elle met Renard au défi d'établir ce fait d'ailleurs sans importance.

Le capitaine Renard communique au tribunal des récépissés de la poste.

Les récépissés de la poste ont été collectionnés par Renard avec un soin jaloux. On sent chez cet homme le désir de montrer sa générosité à l'égard des femmes. Nous avons là sous les yeux la liasse de ses largesses. Tout cela est bien en ordre, étiqueté, numéroté, rangé année par année. Et Renard a pris soin de faire lui-même un compte de ses prodigalités.

Tout d'abord il convient de remarquer que de 1881 à 1888, pendant sept ans, Renard n'a pas déboursé un centime. Pendant cette période de 7 années Mme Maumy lui faisait de petits cadeaux ; car voici une lettre dans laquelle il la remercie en ces termes :

« ... En rentrant aujourd'hui à une heure j'ai trouvé 2 tapis.
« Précisément mon soldat n'était pas là, mais ça ne fait rien.
« Je te remercie, ma chérie, tu as eu très bon goût, et l'on
« dirait que tu connais la longueur de mon lit, car c'est juste
« ça. Et puis cela va très bien avec les rideaux, il y a du bleu et
« du blanc, il ne manque plus qu'une chose, c'est que tu
« viennes les fouler maintenant. Quand tes petits petons les
« fouleront-ils ? »

Mme Maumy, alors, avait de l'argent. Le 30 avril 1887, après la mort de son mari, elle touchait à la Compagnie d'Assurances générales sur la vie une somme de 2.911 francs 25 centimes dont une grande partie a été dépensée par Renard ou par sa mère.

Si nous prenons le compte de Renard, nous ne voyons pas qu'il soit fait mention des sommes par lui reçues. Mais nous voyons que ses envois d'argent auraient commencé en 1888 au moment de la grossesse et de la naissance de l'enfant pour se continuer jusqu'en 1895, date de la rupture. C'est une coïncidence curieuse.

S'il faut croire Renard, il aurait, dans l'espace de 90 mois, envoyé à Mme Maumy 9390 francs, c'est-à-dire plus du tiers de sa solde ! Cela est-il vraisemblable ?

L'homme qui écrit à Mme Maumy : « J'ai donné 150 « francs à mon tailleur, je n'ai plus le sou » ; ou bien

« encore : je vais m'attacher à économiser une centaine
« de francs pour faire le voyage de Paris » ; cet homme,
qui dans sa correspondance apparaît toujours comme
tirant le diable par la queue, a-t-il pu vraiment débour-
ser une pareille somme ?

Si j'examine son compte, je vois que la première lettre
chargée date seulement du 22 mars 1890. Jusqu'à cette
date aucune justification. Des récépissés de simple lettre
recommandée qui n'établissent pas l'envoi d'une somme
d'argent. Bien plus, pas de récépissé pour les envois du
31 mars 1888 et du 9 décembre 1892, pour trois envois
de 1889, pour un envoi du 3 mai 1895, c'est-à-dire pour
une somme de 1700 francs.

Si l'on examine de près ce compte, on arrive à démontrer que les sommes envoyées n'ont pas dû dépasser
4000 ou 4500 francs, c'est-à-dire environ 50 francs par
mois. Et encore partie de ces sommes, Mme Maumy.
l'affirme, n'était que le remboursement d'avances faites.

Mais ce versement de 50 francs par mois de 1888 à
1895, n'est-ce pas la preuve de la paternité librement
acceptée dans ses conséquences et dans ses devoirs ?

Pensez-vous que Renard aurait envoyé ces sommes
d'argent à une femme qui n'aurait pas été la mère de sa
fille ?

50 francs par mois, c'est une bien petite pension alimentaire. La sixième chambre du tribunal de la Seine
avait condamné Renard à payer 75 francs par mois. En
admettant qu'il ait envoyé cette somme, Renard n'aurait
fait que son devoir.

Chantage, dit Renard. — Mais où sont donc les lettres
de menaces qui ont déterminé ces versements ? Renard
ne produit aucune lettre antérieure au dernier versement, aucune lettre dans laquelle Mme Maumy lui aurait
demandé de l'argent. Les sommes qu'il a versées ont été
versées librement.

De menaces en 1888, Renard n'apporte même pas l'ombre d'une preuve.

A qui donc fera-t-il croire que la correspondance de Mme Maumy se borne aux trois ou quatre lettres écrites en 1895, au moment de la rupture, lettres de colère où s'exhale la souffrance d'une âme profondément meurtrie ?

Mme Maumy avait l'habitude de lui écrire souvent de longues lettres. Renard n'était jamais rassasié. « Je voudrais un volume de cette causerie-là » lui écrit-il. Ce volume, vous l'avez, Capitaine Renard. Pourquoi ne le montrez-vous pas ? Cela est sans doute contraire à vos intérêts. Si vous cachez ces lettres, c'est parce que ces lettres vous feraient rougir de honte.

Monsieur Renard ose se plaindre des trois ou quatre lettres écrites en 1895, au moment de la rupture ? De cette réponse mordante, incisive, caustique, souvent spirituelle, qui est la réponse d'une femme outragée, indignée, dont le cœur et le cerveau éclatent devant l'injure imméritée ?

Mais ces lettres sont un témoignage écrasant de l'ingratitude de Renard.

Quand un amant veut quitter une maîtresse, il l'accuse toujours d'infidélité ; mais il s'attire alors une réponse dans le genre de celle-ci :

« Des amants !! Mais pour une vieille de 50 ans voilà bien « des adorateurs! Comment, j'en ai autant que cela? Et moi qui « me figurais ne plus faire de conquêtes ! Ah ! si tu pouvais en « trouver un seulement, un seul, si petit qu'il fût, comme tu le « chargerais de tirer profit du malheureux ! »

L'amant d'une femme mariée, quand il change de maîtresse, peut légalement nier la paternité d'une fille qu'il adorait jadis ; mais s'il écrit à la mère que pour être sienne cette fille est vraiment trop maigre, il s'attire ce coup de plume qui cingle comme un coup de fouet :

« Je trouve que vous vous faites bien du mauvais sang au
« sujet de ma pauvre Juliette. Sa ressemblance avec vous vous
« chagrine si fort que cela ? Hé ! mais vous changez donc d'avis
« après 12 ans et demi ? Elle est maigre, la pauvre chérie, c'est
« vrai ; elle n'est pas encore aussi grosse que vous, mais peut-
« être bien que dans 34 ans d'ici elle vous rendra des points. Il
« n'était pas bien volumineux ce grand garçon habillé en enfant
« de chœur, il n'était pas non plus trop bien portant ce cher
« lieutenant aux perpétuelles diarrhées, vous rappelez-vous ?? »

Le capitaine Renard n'a pas craint dans une lettre de faire allusion à son voyage de mars 1888 et au but qu'il se proposait ; il s'attire cette réponse terrible dans son laconisme :

« Oui, je me souviens très bien. Il y a sept ans de cela. Vous
« avez voulu, par mesure d'économie, supprimer le cher petit
« être qui vivait en moi alors, alléguant que nous en aurions
« un autre quand nous serions plus riches, et c'est bien en effet
« sur ma promesse que ce cher ange ne vous coûterait rien à
« élever que l'enfant et la mère peut-être ont eu la vie sauve.
« Je ne l'ai pas oublié ce triste moment de mon existence. J'ai
« sous les yeux votre lettre qui se charge de me le rappeler ».

Le capitaine Renard ne veut plus subvenir aux besoins de sa fille ; la charge lui paraît trop lourde. Il écrit à Mme Maumy qu'il a entre les mains de nombreux reçus de la poste attestant sa générosité d'autrefois. Elle lui répond :

« Moi aussi, j'en ai des reçus de la poste et des récépissés en
« assez grand nombre. Ce sera une nouveauté pour des Juges

« de voir le dévouement de cet amant, de ce père gardant pré-
« cieusement, pour s'en faire une arme, la preuve plus ou
« moins vraie de ce qu'il a dépensé pour les siens.

« C'est là que nous allons retrouver la haute nature du triste
« sire ».

Dans la même lettre :

« Vous appartenez à la race du paysan rapace et cupide ex-
« ploitant la bouchée de pain de ses enfants ».

« C'est vrai, lui écrit-elle encore, mes rentes ne sont pas
« lourdes. Vous vous êtes mis au courant du reste en vous ren-
« seignant à bonne source. Oh ! oui, capitaine, vous avez rai-
« son, *j'ai refusé aussi longtemps que j'ai pu votre argent, et,*
« *si mes rentes avaient été suffisantes, je n'aurais jamais rien*
« *accepté de vous.* J'aurais continué à vous faire le plus de gra-
« cieusetés possibles. *Vous auriez continué à ne rien m'offrir,*
« *et moi à ne rien vous demander* ».

Dans sa lettre du 7 juillet 1895 :

« Oui, c'est bien exactement le jour où tu as cru qu'il ne me
« restait plus rien en fait de rentes que tu m'as trouvé des
« amants, et que nos enfants n'ont plus été les tiens ! Alors,
« les pauvres petites, tu t'es empressé de leur couper les vi-
« vres ».

Le capitaine avait eu l'imprudence d'étaler devant elle
des sentiments anarchistes ; elle y fait allusion. Il lui
avait raconté le rôle par lui joué dans une journée de-
meurée historique ; elle le lui rappelle par cette phrase :

« Vous n'appartenez qu'à la classe de ceux qui font le mal
« pour le plaisir de se repaître des souffrances de leurs sem-
« blables, vous connaissez si bien ce qu'il faut faire pour faire
« des victimes autour de vous ».

Elle termine sa lettre par ce véritable coup de cravache :

« Dans quel bas-fond êtes-vous donc tombé ! Dans quel bain
« d'infamie vous êtes vous donc trempé ? Vos habits militaires
« doivent se décoller d'eux-mêmes de dessus vos épaules.
« Quelle horreur ! Quelle horreur ! »

Elle écrit encore :

« Dis-moi, toi qui es si honnête, est-ce qu'un officier a l'ha
« bitude de porter sur la poitrine une croix de la légion d'hon
« neur offerte par les enfants d'une vieille coquine de mon es
« pèce ?... Ecoute, il ne faut plus que tu la portes, cette croix !
« Avant de te la donner, je l'ai fait bénir, et ta fille, ta Juliette,
« s'est mise à genoux devant toi. Rends-la. Il faut que tu la ren
« des à ton Colonel... » (1)

Oui, Mme Maumy a écrit cela, au moment de la rupture, en 1895.

Vous voulez que Mme Maumy ait eu tort ? Soit ! elle a
eu tort d'écrire ces lettres.

Depuis quinze ans elle avait donné son cœur et sa foi
à Renard. Elle lui avait été fidèle. Renard la trahissait.
Pourquoi se plaindre ? N'est-ce pas la vie, cela ?

— Elle avait cru à l'homme qui portait sur le bras trois
galons et un ruban rouge à la boutonnière. Mais ces trois
galons et ce ruban rouge, qu'est-ce que cela prouve ?
La vie n'est-elle pas une mauvaise comédie dont les premiers rôles sont souvent mal tenus ?

Se résigner, souffrir et mourir, la pauvre mère n'a
pas eu le courage de le faire silencieusement ! Voilà ce
que lui reproche le capitaine Renard !

En juillet 1895, au moment de la rupture, Mme Mau-

1. Extrait des lettres communiquées au tribunal par le capitaine Renard.

my, qui avait fait de grandes dépenses pour la première communion de sa fille, était très gênée.

Le capitaine Renard produit une lettre de réclamation du propriétaire ; mais il oublie de dire que tous les termes de loyer avaient été payés jusque-là par Mme Maumy, et que, dans sa détresse, elle a payé encore même le terme de juillet dont voici la quittance, le terme de juillet qui avait motivé la réclamation du propriétaire. Melle Marguerite Maumy le dit dans une lettre au commencement d'août: « la somme qu'on vous réclamait, « nous l'avons payée ». Cette somme avait été prêtée, paraît-il, par une dame charitable. Mme Maumy a eu beaucoup de peine à la rembourser ; mais elle l'a remboursée.

Le capitaine Renard a voulu profiter, au mois d'août, de la réclamation antérieure du propriétaire. Ne pouvant payer le terme de juillet qui était payé, il a versé au propriétaire le terme d'octobre qui n'était pas échu; puis il a porté plainte au Procureur de la République pour faux, prétendant qu'il avait été obligé de payer le terme de juillet. Or, cela n'était pas vrai.

La plainte était du 28 août, 4 jours après le cambriolage de l'appartement. Et, à l'appui de cette plainte qui est au Parquet, Renard produisait le congé-commandement et l'engagement de location dérobés à Mme Maumy (mon confrère l'a reconnu tout à l'heure), et la quittance du terme d'octobre qui n'était pas encore échu.

Le Parquet n'a pas suivi sur la plainte en faux ; mais une instruction a été ouverte pour violences et voies de fait contre Mme Maumy, et cette instruction a été close par une ordonnance de non-lieu.

Le dossier de cette instruction, resté jusque-là secret, m'a été communiqué le 10 février 1899, *après ma plaidoirie* devant la 9e chambre.

Le capitaine Renard produit enfin des lettres adressées à son colonel. Quelles lettres, et à quelle date ?

Une lettre au colonel de Neymet, en 1891, dans laquelle Mme Maumy demande des nouvelles de la santé du capitaine : peut-on lui reprocher cela ?

Mme Maumy aurait, en juin 1895, sollicité une entrevue, alors qu'elle était odieusement outragée par Renard.

Une dépêche aurait été envoyée le 28 août, quatre jours après le cambriolage, et, dans cette dépêche, elle demandait l'adresse de Renard.

Peut-on vraiment lui reprocher cela ?

Quant à la prétendue lettre du 10 août 1895, c'est un brouillon volé le 24 août par Renard dans l'appartement de Mme Maumy. Cette lettre n'a jamais été envoyée. Cela résulte de la réponse du colonel au capitaine Renard datée du 29 août : « *Je n'ai pas encore reçu la* « *plainte dont vous me parlez* ».

Ainsi Renard, ayant trouvé ce brouillon, s'était informé : la lettre n'avait pas été envoyée ; le colonel n'avait reçu qu'une dépêche dans laquelle on demandait l'adresse de Renard. Aujourd'hui le capitaine Renard a l'audace de produire ce brouillon de lettre comme venant du colonel. Mme Maumy, ici présente, le met au défi d'apporter un mot du colonel affirmant qu'il a reçu cette lettre.

A propos de ce brouillon, peut-on incriminer la pensée de Mme Maumy ?

Renard lui avait dit qu'il avait montré à son colonel pour 12.000 francs de récépissés de la poste afin de se justifier, c'est-à-dire afin de dénigrer Mme Maumy. Ce n'était pas vrai peut-être. Mais Mme Maumy le croyait. Elle voulait démontrer au colonel qu'elle n'avait pas reçu cette somme de 12.000 francs, mais seulement 4000 ou 4500 francs ; elle voulait prouver au colonel qu'elle n'avait jamais demandé un sou à Renard, et que la somme beaucoup plus modeste par lui versée avait été versée librement.

Quel rapport le capitaine Renard veut-il établir entre ce projet de lettre de 1895 et sa reconnaissance de 1888?

La dépêche envoyée au colonel est sans importance. Elle est ainsi conçue : « Faire savoir si capitaine Renard « est à Viraysse, affaire grave ».

La dépêche est du 28 août 1895. L'affaire grave, c'est le cambriolage du 24 août 1895.

Le capitaine Renard n'était pas à Viraysse. Le 2 et le 3 septembre 1895, toujours accompagné de la fille D... qui ne le quittait pas d'une semelle, il se livrait à des actes de violence sur la personne de Mme Maumy, et même au domicile de cette dernière, 11 rue Saint-Luc, à Paris.

Ecoutez les témoins de ce fait inouï de brutalité :

Mme Bruchon. — Dans les premiers jours de septembre 1895 j'ai vu ce Monsieur (Renard) se jeter sur Madame Maumy, la frapper brutalement, la suivre dans l'escalier de sa maison, la tirer par les cheveux.....

Mme Claude. — J'ai vu Mme Maumy toute émue sortir de la maison, elle avait les vêtements arrachés, l'épaule nue, et portait des traces de coups au bras. La concierge m'a dit que c'était M. Renard qui venait de la frapper. Cette concierge m'a dit qu'il ne fallait à aucun prix que je serve de témoin.

Le capitaine Renard avait été condamné à 25 francs de dommages-intérêts par les magistrats de la neuvième chambre du tribunal correctionnel, aux applaudissements de l'auditoire indigné. Le capitaine a pu obtenir une infirmation à la cour.

Pour échapper aux conséquences de la violation de domicile, Renard a fait juger par la cour qu'il était locataire 11, rue Saint-Luc à Paris. Aujourd'hui il fait plaider qu'il était locataire malgré lui.

— Pour échapper aux conséquences des coups et blessures, Renard a osé prétendre qu'il avait été battu par Mme Maumy, alors qu'il ne portait trace d'aucune blessure. Il s'appuyait sur la déclaration équivoque et suspecte de la concierge jointe à la déclaration de la fille D..., sa nouvelle maîtresse, sous les yeux de laquelle il est venu, le 3 septembre 1895, battre Mme Maumy à son domicile ; de cette fille D..., la rivale, amenée de Lyon à Paris pour assister à ce spectacle et pour servir à Renard de témoin dans la procédure !

Quelle que soit l'indulgence dont a bénéficié le capitaine Renard, vous devez penser, Messieurs, que Mme Maumy, dévalisée le 24 août, blessée le 3 septembre (un certificat de médecin du 4 septembre 1895 l'atteste) ne pouvait pas courber la tête devant son bourreau.

Dans la crise douloureuse qu'elle traversait, Mme Maumy crut devenir folle. De là ses lettres, justes représailles. De là ses procès.

Elle demanda la restitution de ses lettres volées, une indemnité pour sa porte fracturée, pour ses meubles brisés : le tribunal répondit qu'elle ne faisait pas la preuve de l'effraction (1). La preuve est faite maintenant. Renard ne nie plus l'effraction.

Mme Maumy poursuivit Renard pour violation de domicile, coups et blessures : vous connaissez le résultat de ce malheureux procès. La Cour a jugé (2). Passons.

Mme Maumy demanda enfin une pension alimentaire. Alors seulement l'oreille de la justice parut écouter la femme infortunée qui demandait seulement du pain pour sa fille.

La 6e chambre du tribunal de la Seine, par jugement du 6 juillet 1896, lui alloua une pension mensuelle de 75 francs.

Le 11 juillet 1896 le capitaine Renard écrivait à l'avocat de Mme Maumy :

1. Tribunal de la Seine, 5e ch., 30 juin 1897.
2. Cour de Paris, Chambre des appels correctionnels, 9 juin 1899.

. « ... Je ne demande pas mieux que d'exécuter le jugement
« qui la concerne, mais il est de son intérêt de ne plus écrire
« *jamais* à l'autorité militaire, sans cela elle n'aura jamais un
« sou, devrai-je donner ma démission et disparaître pour elle ».

Mme Maumy n'écrivit plus au colonel.

Le jugement ordonnait l'exécution provisoire ; mais, ainsi que le prouvent les lettres de l'avoué, Me Rouy, Mme Maumy ne toucha pas un sou.

Le 30 juillet 1896 Renard interjetait appel.

Dans les conclusions prises le 17 décembre 1896, Renard se disait dans l'impossibilité matérielle de payer une pension ; il déclarait toutefois, dans les termes de l'article 210 du Code civil, être prêt à recevoir chez lui la mineure Renard, à la nourrir et à l'entretenir ; très subsidiairement il demandait à la Cour de réduire l'allocation mensuelle, d'obliger Mme Maumy à lui rendre compte chaque mois, et de lui accorder la faculté de cesser le paiement de la pension dans le cas où la justification de l'emploi des fonds aux besoins de la mineure ne serait pas faite.

Dans ses conclusions du 28 décembre 1896, et très subsidiairement encore, pour le cas où la Cour préférerait cette solution *dans l'intérêt de la mineure*, le capitaine Renard offrait même de placer la mineure en pension, prenant tous les frais à sa charge ; une pareille solution, disait Renard, en même temps qu'elle assurerait l'entretien de l'enfant assurerait son éducation dans les conditions les meilleures.

Sur ces conclusions de Renard, arrêt de la Cour (5e chambre) du 5 janvier 1897, qui place l'enfant sous la garde de son père, *à charge par celui-ci* de choisir une maison d'éducation dans les départements de Seine, Seine-et-Marne, ou Seine-et-Oise, où l'enfant sera placée, *d'en payer seul la pension.*

.... L'arrêt est passé en force de chose jugée.

Le capitaine Renard n'a pas dépensé un sou pour sa fille depuis le 5 janvier 1897 ; il a manqué à la promesse qu'il avait faite à la justice, et aujourd'hui, pour se soustraire aux conséquences d'un arrêt qu'il a sollicité à genoux, il vous demande de supprimer son aveu de paternité !

Serait-ce dans l'intérêt de cette fille D... qui ne l'a pas lâché depuis 1895 ; qui cohabitait avec Renard, 48, passage Jouffroy à Paris (hôtel des familles) de février à juillet 1899 ; que l'on voyait tous les jours avec Renard dans les couloirs de ce Palais, et qui, depuis le départ de Renard, n'a cessé de surveiller ce procès qui paraît être le sien ?

Serait-ce pour préparer dans une retraite prochaine la conclusion d'un hymen dont les fiançailles remontent à cinq ans ?

Est-il vrai que Renard agit ici à l'instigation de la fille D... ? de cette fille D... que nous retrouvons à chaque pas dans ce procès, et que Mme Maumy avait été obligée de poursuivre pour injures publiques devant la onzième chambre le 5 juillet dernier ?

En vérité, la demande du capitaine Renard est bien tardive en 1899 !

Si Renard avait pu nier sa paternité, c'est en 1896 qu'il l'aurait fait ! C'est alors qu'il devait le faire ! Mais en 1899, alors que la reconnaissance devant la Justice est venue s'ajouter à la reconnaissance devant l'officier de l'état civil, sur quel fait nouveau peut-il baser son instance ? N'y a-t-il pas chose jugée ?

Un homme d'honneur, un officier a-t-il le droit de nier, quand il lui plaît, sa paternité? A-t-il le droit de payer ou de ne pas payer ses dettes, au gré de sa fantaisie ?

Je défends la vie, les droits, les intérêts, l'honneur de

quatre créatures humaines ; le capitaine Renard ne défend ici que ses jouissances.

Le capitaine Renard appartient à l'Armée que nous aimons, que nous respectons ; mais l'armée que nous aimons, c'est l'armée loyale, l'armée fidèle à son devoir, l'armée chevaleresque, l'armée qui se respecte, l'armée qui n'écrase pas les femmes et les enfants !

Il paraît que la nature a fait de la petite Juliette le portrait vivant de son père. La magistrature, qui a déjà reçu l'aveu du père, ne peut dire aujourd'hui, onze ans après la reconnaissance, que Simonne-Marguerite-Juliette n'est pas la fille de son père.

Les pièces communiquées au Tribunal ont fait sur la paternité du capitaine Renard la lumière la plus complète. Le Tribunal ne se laissera jamais mystifier par des apparences ou par des recommandations.

Le capitaine Renard porte encore sur la poitrine la croix de la Légion d'honneur ; mais il apprendra bientôt par votre jugement, que cette croix de chevalier, « offerte par celles qu'il veut renier aujourd'hui », ne pèse pas beaucoup dans la balance de la Justice !

Le 29 décembre 1899, après avoir entendu Mᵉ Joseph Ménard pour le capitaine Renard, et Mᵉ Antonin Oudart pour Mᵐᵉ veuve Maumy, M. Drouart, substitut, a immédiatement donné ses conclusions en faveur de la défenderesse.

« Il est stupéfiant, a déclaré l'honorable organe du ministère
« public, de voir se produire à la barre une demande qui ne
« repose que sur le néant. Cet homme de quarante ans, cet
« officier français aurait reconnu son enfant *par peur !* Voilà ce
« qu'il soutient. Et pour prouver de quel scandale il était me-

« hacé en 1888, il vous produit, messieurs, des lettres de... 1895.
« Cette reconnaissance qu'une correspondance pleine de natu-
« relle tendresse a confirmée pendant tant d'années, par une
« illumination soudaine, onze ans après, M. Renard la découvre
« nulle. Il déclare qu'à l'époque où l'enfant aurait été conçue,
« il n'a pu rester que quatre jours près de la mère ! Voilà sa
« preuve ! Une pareille demande ne se tient pas, n'existe pas,
« et c'est pourquoi je conclus au rejet tout de suite, sans
« réclamer l'habituelle remise à huitaine. Il y a une autre
« raison pour que je me hâte de conclure. Cette affaire a trop
« duré.

« Pour l'honneur de l'uniforme qu'il porte, le capitaine Renard
« n'aurait pas dû donner ici l'occasion de publier son rôle...
« affligeant pour ses amis.

« On ne fait pas un tel procès quand on a le sentiment de
« l'honneur du grand corps auquel on appartient.

« On devrait se taire, surtout dans les circonstances actuelles
« qui désolent les cœurs vraiment patriotes, et ne pas intenter
« une action dont, je le souhaite pour M. Renard, l'écho n'ira
« pas jusqu'aux oreilles de ses chefs ». (1) (*Applaudissements
dans l'auditoire*).

.·.

Le 12 janvier 1900 le Tribunal a rendu le jugement
suivant :

Le Tribunal ;

Attendu que le 13 octobre 1888 Renard et la dame
Marie Halifax, Vve du sieur Maumy, décédé le 17 février
1887, se sont présentés devant l'officier de l'état-civil du
18e arrondissement de la ville de Paris, et se sont recon-
nus, en présence de deux témoins, l'un le père, l'autre la
mère de Simonne-Marguerite-Juliette née le 26 septembre
1888 et inscrite le 29 du même mois comme fille de Marie
Halifax et de père non dénommé ;

1. *L'Aurore*, n° du 30 décembre 1899.

Attendu qu'il est établi par les documents de la cause qu'antérieurement à cette naissance Renard et la dame Maumy avaient entretenu des relations intimes ; qu'aucun doute ne saurait s'élever sur ce point ; qu'il est également établi que ces relations ont persisté avec le même caractère jusqu'au moment de la rupture survenue en 1895 ;

Attendu qu'à cette époque la dame Maumy ayant formé contre Renard une demande en paiement d'une pension pour l'éducation et l'entretien de la jeune Simonne, la 6ᵉ chambre de ce tribunal, faisant droit à cette demande, a condamné Renard à payer à la dame Maumy une somme de 75 francs par mois ;

Attendu que Renard a interjeté appel de cette décision demandant qu'il lui fût donné acte de ce qu'il déclarait, dans les termes de l'article 210 du Code civil, être prêt à recevoir chez lui la mineure Renard, à la nourrir et à l'entretenir ;

Attendu que la Cour, par arrêt du 5 janvier 1897, a infirmé le jugement précité et a décidé que Simonne-Marguerite-Juliette serait confiée à la garde de son père à la charge par lui, de pourvoir à son entretien et à son éducation ;

Attendu que Renard demande aujourd'hui au Tribunal de prononcer la nullité de la reconnaissance du 13 octobre 1888 ; qu'aux termes de son assignation il soutient qu'il ne pouvait être le père de la jeune Simonne ; qu'il était en garnison à Modane à l'époque de la conception de cette enfant ; que la Vᵛᵉ Maumy avait une conduite déplorable, et qu'enfin la reconnaissance qu'il attaque n'a été obtenue par la Vᵛᵉ Maumy que par suite d'explications fallacieuses, de manœuvres et de menaces de chantage ;

Mais attendu que Renard n'établit nullement qu'il n'a jamais cohabité avec la Vᵛᵉ Maumy pendant les séjours qu'il faisait à Paris ; que les certificats qu'il produit tendent seulement à établir qu'il n'aurait pas fait de longs séjours dans cette ville au moment de la conception de l'enfant ; qu'à supposer que ces certificats fussent probants, ils seraient manifestement insuffisants pour établir l'impossibilité de cohabitation ;

Attendu en outre que la correspondance si significative versée aux débats démontre jusqu'à l'évidence les relations prolongées entretenues par Renard avec la veuve Maumy, les projets d'avenir qu'il formait pour sa maîtresse et ses enfants, et l'affection profonde qu'il témoignait à la jeune Simonne ;

Attendu enfin que le silence prolongé de onze années pendant lesquelles Renard n'a pas cru devoir attaquer la reconnaissance qu'il critique aujourd'hui, et l'attitude, ci-dessus rappelée, qu'il a prise devant la Cour d'appel ne lui permettent plus de soutenir que son consentement a été extorqué par violence et sous menace d'un scandale de nature à compromettre sa situation et son avenir ; qu'ils constituent au contraire la ratification la plus expresse de l'acte de reconnaissance de 1888;

Attendu en conséquence que Renard doit être débouté de sa demande qui ne repose sur aucun fondement ;

Par ces motifs :

Déclare Renard mal fondé en sa demande, l'en déboute ;

Le condamne aux dépens.

186. Imprimerie JOUVE et BOYER, 15, rue Racine, Paris.

www.ingramcontent.com/pod-product-compliance
Ingram Content Group UK Ltd.
Pitfield, Milton Keynes, MK11 3LW, UK
UKHW021653090726
13657UKWH00004B/1931